DU

MOT BOULOGNE

ET DU

PATOIS BOULONNAIS.

DE LA

VÉRITABLE ÉTYMOLOGIE

DU

MOT BOULOGNE

ET

DU PATOIS BOULONNAIS,

PAR H. GRISET.

Mémoire adressé à la Société des Antiquaires de la Morinie.

Boulogne.—Imprimerie de H. Griset.

1835.

DU

MOT BOULOGNE

ET DU

PATOIS BOULONNAIS.

———

L'importance et l'utilité de la Société des Antiquaires de la Morinie est tellement démontrée, que tout homme, ami de son pays, doit chercher à contribuer de tous ses moyens à l'œuvre national qu'elle a entrepris. Ainsi, tous les habitans du sol qu'embrassait l'ancienne Morinie, devront, comme les abeilles, apporter à la ruche commune tout le suc qu'ils auront pu butiner, pour que les savans qui sont le noyau de la société, puissent en former un miel plus suave et plus pur. C'est mû par cette idée, que j'ose aujourd'hui, vous adresser, Messieurs, le mémoire suivant, contenant : l'étymologie de quelques mots du patois boulonnais, mots que l'on ne trouve pas, que je sache, dans le bel ouvrage de M. Henry, soit qu'il les ait négligés, soit plutôt qu'il ne les ait pas connus.

Les langues sont les monumens les plus précieux pour l'histoire des peuples, a dit M. Michelet; ne pourrions-nous pas ajouter que les patois sont aussi les monumens les plus précieux pour l'histoire des langues qui ne sont plus, et qui semblaient disparues pour toujours sous l'immense voile du temps? En effet, n'est-ce point par le patois de la Basse-Bretagne (ancienne Armorique) et celui du comté de Galles en Angleterre (Wales) que l'on a retrouvé le vieux langage de nos premiers ancêtres, de ces gaulois qui sillonnèrent l'ancien monde de leurs colonies guerrières et qui firent trembler Rome par le glaive et leurs sauvages cris de guerre? N'est-ce point par eux qu'une foule de points d'histoire contestés, ont été résolus d'une manière plus satisfaisante? S'il en est ainsi, pourquoi serait-il inutile de rassembler le plus de mots que l'on peut d'un patois qui, s'il ne rend pas de services aussi importans que les deux premiers restés plus purs, peut du moins en rendre quelques-uns qui ne laisseront pas de nous intéresser, nous, habitans de la vieille Morinie.

Avant de donner la nomenclature des mots du patois que j'ai remarqués, je crois devoir parler de Boulogne et de la véritable étymologie de sa dénomination actuelle.

Henry parle ainsi d'après Malbrancq, l'historien des Morins :

« César étant obligé de s'éloigner, Pédius mit « aussitôt la main à l'œuvre. Il fit tracer l'enceinte, « employa nombre de Morins à l'extraction et à la « taille des matériaux. Il fit aussi construire les

« murs à la manière des Romains, et comme il
« était de Bologne en Italie, il prit cette ville pour
« modèle et en donna le nom à celle qu'il venait
« de faire édifier. »

(Henry, *Essai sur Boulogne, page 76.*)

Quoique cette manière d'expliquer l'étymologie du mot Boulogne, paraisse rationelle au premier abord, elle devient, ce me semble, sujette à contestation, aussitôt qu'on y réfléchit attentivement. De toutes les dénominations géographiques du Boulonnais, aucune n'est latine, d'après M. Henry, excepté Boulogne qui comme nous venons de le voir, aurait reçu ce nom du lieutenant de César. Le portus *Itius*, Wissant aujourd'hui, est celtique d'origine, car voici ce qu'on lit dans l'ouvrage que je viens de citer :

« C'est pour la seconde fois que César appelle
« *Itius* le port qu'il a choisi pour son expédition,
« et il convient de remarquer que dans le langage
« des Morins, ce nom désigne la position de ce
« port dans le voisinage et vis-à-vis l'île des Bre-
« tons. *I* signifiant auprès et *Siu* devant, il est

« impossible de méconnaître le nom d'*Itius* dans
« celui d'*Isiu* qui ne diffèrent entre eux que par
« la finale *s* ajoutée au nom celtique pour lui don-
« ner la terminaison latine dont il avait besoin
« pour être admis dans la langue des conquérans
« de la Morinie. Si l'on adopte la version *Ictius*
« ou *Iccius* que l'on trouve dans quelques éditions
« des commentaires, on verra encore que ce nom
« désigne également la position de ce port à la
« pointe vis-à-vis de l'Angleterre, *Ic* pointe et
« *Siu* devant. Ainsi de quelque côté que l'on
« envisage la position d'*Itius*, elle est évidemment
« la même que celle de *Wissant*, qui s'appelait
« *Esseu* au commencement du dernier siècle. »

(Henry, *Essai sur Boulogne*.)

Cependant les établissemens considérables que César a dû former en cet endroit, étaient assez importans pour qu'il lui fut permis de leur donner un nom purement latin.

Plus loin, nous voyons encore le nom de la Tour d'Odre être expliqué par le celte, quoique

M. Henry en attribue l'origine et l'érection à l'empereur Caligula.

Si nous voyons un phare élevé par un empereur romain, recevoir un nom tiré du celte, à plus forte raison, pourrons-nous croire que la dénomination de Boulogne doit être celtique. Plus tard, lors de la venue de César, ce lieu agrandi et devenu cité par les soins du conquérant qui en avait besoin, se sera appelé Bononia pour passer dans la langue des vainqueurs, par la même raison développée plus haut par M. Henry pour le port *Itius*.

D'ailleurs, nous savons, à n'en presque pas douter, que les Morins avaient, avant la venue de César, traversé le détroit pour transporter des colonies dans l'île de Prydain ou Bretagne. (1) Dans la nomenclature des peuples qui habitaient cette île nous voyons figurer plusieurs tribus portant le nom d'*Atrebatii*, *Atrebates* et placées dans les contrées d'Angleterre connues aujourd'hui sous le nom de *Berkshire*, *Buckinghamshire*, *Middl-*

(1) Aug. Thierry ; Conquête de l'Angleterre.

esex. En Irlande, dans la province de Leinster, nous remarquons des *Menapii* ; j'y ai remarqué aussi des *Blani*. (1) Quant aux tribus du nom de *Belgæ*, elles étaient situées dans les comtés actuels du *Hampshire*, *Somersetshire* et *Wiltshire*. Lorsque de tous les points de cette partie de la Gaule tant de tribus étaient parties pour s'établir en Bretagne, est-il difficile de penser qu'il y avait au port gésoriaque des demeures et des établissemens qui pouvaient faciliter les diverses traversées que les Morins opéraient aussi, puisque quelques auteurs prétendent qu'il devait exister un nom semblable au leur sur cette terre séparée, peut-être étaient-ce les *Coritani* ou (*Moritani*) qui s'étendaient dans le *Lincolnshire*, *Nottinghamshire*, etc., etc., etc. (2)

Il n'est donc pas extraordinaire que Boulogne

(1) Ce nom n'aurait-il pas quelques rapports avec celui du cap Blanez.

(2) Les Coraniens (Coriniaidd) en latin Coritani, hommes de race teutonique, venus d'un pays que les annales bretonnes désignent par le nom de *terre des marais*. (Aug. Thierry, conquête de l'Angl.) La terminaison *aidd* appartient à l'idiome Kymrique, et les Morins faisaient partie de la race des Kymris.

Morins de Mor marais (Henry.)

ait porté un nom celtique latinisé plus tard par Pedius, et ce qui semble encore me confirmer dans ma recherche, c'est une note de M. Henry, où, à propos de l'étymologie du mot Gésoriac qu'il semble préférer tirer du celte, il ajoute :

« Comme le remarque fort bien Gibson (de port.
« Ic.), les Romains n'ont certainement point don-
« né de noms particuliers aux pays qu'ils ont
« soumis à leur puissance ; *mais ils ont adopté*
« *ceux qu'ils y ont trouvés, en leur donnant une*
« *physionomie latine.* »

De tout ce qui précède, ne pouvons-nous pas conclure qu'au Portus Gesoriacus, il y avait, comme nous l'avons dit plus haut, des demeures, un village, si l'on veut, antique berceau de notre Boulogne actuel et alors chercher le nom primitif dans le langage des Morins, parlé dans ces contrées bien avant que César en fit la conquête. Si, comme je le pense, l'origine de ce nom est celtique, j'adopterai alors celle que le Dr. Lanigan a rapportée dans son histoire ecclésiastique.

Bonarem ou Bonaren Taberniæ.

Si nous décomposons ce mot de Bonaven nous trouverons :

Bon — av — en ou *hen*.

Tête, coude — eau — habitation, village. quant au second, nous trouverons encore :

Tab ou *tad — Erniæ* ou *Elniæ*.

Sur — Liane ou Elne.

traduction littérale.

Village placé à la pointe ou à l'embouchure de la Liane ou Elna.

D'ailleurs, on peut observer que tous les endroits appelés *Boulogne* sont sur des eaux, *Bologne* (1) en Italie sur le Pô (Padus) *Boulogne* près Paris, sur la Seine ; et de là encore Boneuil, sur un coude de la Marne, formé de *euil* habitation et de *Bon* tête, coude ; (2)

---

(1) Je dois rappeler ici que Bologne en Italie a été fondé par une colonie de Gaulois.

(2) Court de Gébelin, monde primitif.

Quoique la position de Boulogne soit encore à peu près la même pour l'étymologie que je viens de donner, nous n'avons qu'à nous reporter à l'année 1550, pour en confirmer toute la justesse. A cette époque la mer venait s'encaisser dans le vallon des Tintelleries et battre dans les environs de la porte Flamengue, aujourd'hui porte de Calais,(1) de telle manière, que la ville était située tout-à-fait sur une pointe formée par la mer d'un côté et les eaux de la Liane de l'autre.

Maintenant je passerai à l'étymologie du mot morin, que M. Henry veut faire dériver du mot *mor* marais, et non de *mar* ou *mor* mer, ne pouvant croire qu'une telle dénomination ait été portée par toutes les populations maritimes de la Gaule, cependant je n'y vois rien d'impossible, car en lisant les noms de la plus grande partie des tribus ou clans des Celtes, nous voyons que toutes les dénominations sont tirées de la situation des

_____

(1) Henry, Essai Historique sur le Boulonnais.

lieux qu'ils occupaient. *Keltorii*, celtes des montagnes boisées; *Arvernes*, peuples du haut pays; *Allobroges*, habitans des hautes terres; *Armoricains*, voisins de la mer; *Morins*, peuples maritimes. (1)

Et si nous ajoutons que la même langue était parlée chez les Belges qui, selon César, avaient pour limites la Seine et la Marne, et chez les Armoricains dont la contrée est regardée par Strabon, comme une seconde Belgique qu'il nomme *paroceanite* ou maritime, en lui donnant pour limites l'embouchure de la Seine et celle de la Loire, (2) nous pourrons ne plus nous étonner qu'une dénomination à peu près semblable ait été portée par des tribus faisant partie d'une même race, qui avait peuplé le nord et l'ouest de la Gaule, et le midi de l'Ile de Bretagne jusqu'au Forth (race Kymrique.) (3)

(1) Am. Thierry, Histoire des Gaulois.

(2) Am. Thierry, histoire des Gaulois, (3) Id.

En outre, si le mot Morin venait du mot *Mor* marais, il ne pourrait être antérieur à la venue de César en Gaule, puisque d'après la carte de Henry, la mer couvrait encore à cette époque toutes les plain de la Morinie et n'avait par conséquent pu donner naissance à une semblable dénomination, puisque lui-même reconnaît que le Boulonnais est un pays sain et salubre, le prouvant même par l'étymologie du mot *Gesoriac*.

Ges ou *Gao*, bois, forêt; *Or* pays, et *Iach* sain, salubre.

Maintenant que j'ai soumis ces observations qui m'ont parues importantes, je crois devoir passer aux mots du patois boulonnais dont l'origine celtique m'a paru incontestable, je me suis appuyé des meilleures autorités, et je n'ai cherché à présenter d'ailleurs que les étymologies les plus faciles à saisir, offrant à la simple lecture des rapports frappans entre ceux en usage aujourd'hui, et ceux qui furent parlés autrefois.

En lisant ceux que M. Henry a recueillis, j'ai cru voir que l'origine qu'il donnait n'était pas toujours très-pure et que quelques-uns appartenaient plutôt à la basse latinité qu'au celte, mais comme il faut regarder à deux fois avant de blâmer ce qui a obtenu l'assentiment du grand nombre, je ne me suis occupé que de ceux qui manquaient dans son ouvrage. Cependant je citerai le mot *amerre*, armoire, que je ne crois pas dériver du mot Hamerium, comme cet auteur le prétend, mais bien du primitif *am*, *ham* qui signifie liaison, union, et dont les français ont fait leur mot *amas*; amerre signifierait donc littéralement *lieu où l'on amasse, où l'on réunit des objets.*

En Boulonnais, il existe un diminutif d'Amerre, Amerrette, petite armoire. Ce mot nous rappelle les diminutifs en usage au moyen âge, et nous fait regretter que notre langue actuelle ait été privée de la grâce qu'ils lui donnaient.

J'ai pensé que quelques règles générales sur la

prononciation le plus en usage, ne pouvaient être inutiles, et j'ai toujours cherché, autant que possible, à démontrer par l'exemple, que cette prononciation se rapportait presque toujours à la manière dont les mots celtes étaient écrits et sans doute prononcés.

Ainsi le ch français a toujours le son de k en patois. *Château,* patois, *catiau* ou *katiau*; *cyttiau* en langue cambrienne et signifiant maison. On sait que dans les anciennes langues le *c* avait la valeur du *k*; les Saxons écrivaient *Çing* et *Coning* et prononçaient *King* et *Koning*.

Char, patois *Car*, celtique *Carr*. *Chapon*, patois *Capon*, celtique *Cabon*, et par extension en boulonnais un homme poltron, qui n'a pas d'énergie. Echelle, patois *Ekèle* qui, ainsi prononcé, paraît se rapprocher du mot celte Adel, *élevé,* dont le radical est *Dal*.

Le *che* a encore le son du *k* à la fin des mots cloche, patois *Cloque* ou *Clock*, celtique *Clock*.

Double *ss* a le son de *sh* anglais ou *che* français.

Bassin, patois *Bachin*, celtique *Baczin*.

Pincer, id. *Pincher*, id. *Pincza*.

Sa se prononce comme les deux *s*, l'*a* ayant un son très adouci et prenant la prononciation anglaise de cette voyelle, toutes les fois qu'elle est suivie de la consonne *n*.

Sangle, patois *Ceingle*, celtique *Cengl*.

Dans les autres cas, l'*a* conserve sa prononciation française :

Saloir, patois *Chaloi*, celtique *Charlenn*.

An prend toujours le son de *ein*.

Cran, patois *Crein*, celtique *Cren*.

Le patois emploie généralement la diphtongue *eu*, quand il y a un *w* ou un *y* dans le mot celtique.

Trou, patois *Treu*, celtique *tru*.

Trépied, patois *Treuvet*, celtique *Trybedd*.

E avant la diphtongue *au* dans les mots terminés en *eau* prend le son de *i* ; château, *Catiau*, *Kyttiau*.

Temps mauvais, temps *Inchoat*, mot composé de *in* particule négative, correspondant au latin *ex* et de *coant* ou *coat* agréable. *Inchoat* non agréable.

Génévrier, patois *génoaf*, celtique *genoaf*.

Lisière, en celtique *Besven*, en patois on appelle l'endroit où un pain s'est trouvé attaché à un autre dans le four, *Besures*.

Se baisser, patois *se bacher*, celtique *Bachu*.

Fils, enfant, patois *Fiu*, celtique *Fi* petit. A la racine *Fi* nous devons aussi rapporter le mot *Piot* très en usage dans le Boulonnais et les mots qui en dérivent *Piotet*, *Piotelle*; les expressions piot, petiot, étaient encore très en usage au moyen âge, c'est ici le lieu de citer les vers charmans attribués à Clotilde de Surville, femme poëte du quinzième siècle :

> O cher enfantelet, vrai pourtraict de ton père
> Dors sur le sein que ta bousche a pressé
> Dors *Petiot*, clos amy, sur le seyn de ta mère,
> Tiens doulx œillet par le somme oppressé.

Balustrade ; celtique *Balusd*, *Balusdr* ; en patois, *Balus*. Ce mot s'emploie dans les campagnes du Boulonnais pour la balustrade qui entoure les chapelles des églises.

Cruche, celtique *Cann*, patois *Quène* ou *Kène*. Le mot *Canette*, pot à bierre a la même étymologie.

Boue, celtique *Bour*, patois *Bourbe*.

Souvent j'ai remarqué les enfans du Boulonnais, jouant aux barres, s'écrier au moment d'être pris : *Carriage ! Carriage !* J'en vins bientôt à me demander quelle pouvait être la signification d'un mot qui semblait n'en présenter aucune et qui cependant devait avoir quelque origine inconnue jusqu'alors, car nous savons tous que c'est souvent dans les usages les plus puérils et les plus ordinaires que l'on trouve quelquefois les sources les plus antiques. Après quelques recherches, j'ai aujourd'hui tout lieu de penser que cette exclamation pourrait bien venir du mot celtique *Carrighell* qui signifie *traces*, chemin : collet eo ma

Carrighell ; tout mon bien est perdu. (1) En effet, c'est au moment d'être pris, c'est lorsqu'il a perdu les *traces* ou le *chemin* qu'il avait à suivre, que l'enfant s'écrie *Carriage ! Carriage !* Il y a donc ici identité, et par conséquent l'origine de cette exclamation me paraît résolue par le mot celtique que je viens de citer.

Les enfans ont encore l'habitude de chanter ici la veille de Noël une chanson commençant ainsi : au *Ghenel*, etc. etc. Ce mot *Ghenel* est celte et signifie *nativité*, *enfantement*. Le grec *Ghenos* a la même signification.

Mauvaise viande, patois *Bairlaude*, celtique *Bar*, maladie causée par quelque maléfice et *Lodd*, nourriture, provisions. *Barlodd*, mauvaise nourriture.

Tablier, patois *Accorcheu*, celtique *Ac* pointe, *Corthair*, bordure ou frange d'un habit ou de

(1) Dictionnaire bas-Breton.

Corken qui était et est encore, je crois, un habillement des paysannes de Cornwailles, lequel couvre seulement le corps et les bras depuis les épaules jusqu'à la ceinture.

Bonnet de femme, patois *Tokey* ou *Toquet*, celtique *Toc* ou *Tog* chapeau.

Fainéant, patois *Lusot*, celtique *Lugut*, lenteur. Etre fainéant, patois *Lusoter*, celtique *Luguder*.

Bara en langue celtique signifie *pain*, j'ai aussi remarqué que le mot celtique *Bar* signifiait *clair* et que celui de *Baru* signifiait *éclaircir*, ne pourrait t'on pas voir dans les deux acceptions que présentent ces mots, l'étymologie d'une phrase ou d'un dicton fort en usage en Boulonnais, quand on parle d'une personne qui *mange du pain sec* « *il s'éclaircit les dents.* »

Les marins de Boulogne appellent un hameçon un *hin*, *hain*, ou *hing* qu'ils écrivent indifféremment de ces trois manières. Ce mot *hing* doit venir sans nul doute du primitif *ac* ou *ag* pointe, aigu; mais en lisant les lettres de Thierry sur l'histoire de France, j'ai remarqué le passage suivant :

« Ils avaient (les Franks) une arme de trait qui « leur était particulière et que dans leur langue, « ils nommaient *Hang*, c'est-à-dire hameçon, « c'était une pique dont la pointe longue et forte, « était armée de plusieurs barbes ou crochets » tranchans et recourbés comme des hameçons. »

« Quelquefois le *Hang* attaché au bout d'une « corde, servait en guise de harpon à amener « tout ce qu'il atteignait. »

Ce rapport étonnant entre deux objets d'une même nature et chez deux nations tellement séparées par le cours des siècles, m'a fait naître l'idée que les marins de Boulogne, pourraient bien être un reste de ces célèbres pirates qui ravageaient jadis toutes les côtes de la Gaule Belgique, je sais bien qu'un seul mot ne peut pas être une preuve bien convaincante en cette circonstance, mais la distance que nos populations maritimes gardent à l'égard des bourgeois et des campagnards, le peu de rapports qu'elles entretiennent avec ces derniers, ne sont-ils pas propres à nous faire penser que leur origine n'est pas tout-à-fait commune et que leur genre d'occupation n'est point la seule cause d'une telle démarcation. Ce serait une étude importante à faire car elle pourrait éclaircir plus d'un point d'histoire et devenir utile à nos contrées.

Cette idée, je la soumets à la société, certain que si elle y trouve quelque justesse, le talent de ses membres saura bientôt en résoudre le problème s'il y a lieu toutefois à une telle solution. Quant à moi, qui suis placé de manière à pouvoir observer chaque jour, ce que je ne fais que conjecturer aujourd'hui, je ferai tous mes efforts pour obtenir des preuves nécessaires à l'éclaircissement de ce point d'histoire, n'étant malheureusement aidé que par le désir de faire quelque chose pour le pays qui m'a vu naître et pour une société qui l'honore déjà depuis le peu de temps qu'elle est établie.

www.ingramcontent.com/pod-product-compliance
Lightning Source LLC
Chambersburg PA
CBHW070451080426
42451CB00025B/2705